BEI GRIN MACHT SICH IHR
WISSEN BEZAHLT

- Wir veröffentlichen Ihre Hausarbeit,
  Bachelor- und Masterarbeit

- Ihr eigenes eBook und Buch -
  weltweit in allen wichtigen Shops

- Verdienen Sie an jedem Verkauf

**Jetzt bei www.GRIN.com hochladen
und kostenlos publizieren**

Cardio, Leistungsdiagnostik und Mesozyklus für eine 20-jährige Frau

Anna-Lena Zeifang

GRIN ☺

Bibliografische Information der Deutschen Nationalbibliothek:

Die Deutsche Nationalbibliothek verzeichnet diese Publikation in der Deutschen Nationalbibliografie; detaillierte bibliografische Daten sind im Internet über http://dnb.d-nb.de abrufbar.

ISBN: 9783346989383
Dieses Buch ist auch als E-Book erhältlich.

© GRIN Publishing GmbH
Trappentreustraße 1
80339 München

Alle Rechte vorbehalten

Druck und Bindung: Books on Demand GmbH, Norderstedt Germany
Gedruckt auf säurefreiem Papier aus verantwortungsvollen Quellen

Das vorliegende Werk wurde sorgfältig erarbeitet. Dennoch übernehmen Autoren und Verlag für die Richtigkeit von Angaben, Hinweisen, Links und Ratschlägen sowie eventuelle Druckfehler keine Haftung.

Das Buch bei GRIN: https://www.grin.com/document/1436106

Deutsche Hochschule für
Prävention und Gesundheitsmanagement
Hermann Neuberger Sportschule 3
66123 Saarbrücken

Einsendeaufgabe

Fachmodul:	Trainingslehre 2
Studiengang:	Bachelor of Arts Gesundheitsmanagement
Datum Präsenzphase:	26.10-28.10.2020
Name, Vorname:	Zeifang, Anna-Lena
Studienort:	**Stuttgart**
Semester:	**Wintersemester 2019**

Inhaltsverzeichnis

1   Aufgabe 1- Diagnose

1.1   Allgemeine und biometrische Daten

Tab. 1: Erfassung allgemeiner und biometrischer Daten

Alter	20 Jahre
Geschlecht	Weiblich
Körpergröße	1,58m
Körpergewicht	58kg
Taille-Hüft-Quotient	0,875
Körperfettanteil	25%
Trainingsmotive	Steigerung der Ausdauerleistungsfähigkeit, Figurformung
Berufliche Tätigkeit	Arbeit in einer Physiotherapiepraxis, überwiegend stehende Tätigkeiten
Aktuelle sportliche Aktivitäten	4 Mal pro Woche Krafttraining in einem Fitnessstudio, unregelmäßiges Ausdauertraining 1-2mal/ Woche ohne Periodisierung
Frühere sportliche Aktivitäten	Betreibt Krafttraining seit 5 Jahren, ab und zu Ausdauersport auf dem Crosstrainer/Fahrrad/ Laufband, jedoch ohne Periodisierung, sehr unstrukturiert, bisher keine Herzfrequenzmessung unter Belastung durchgeführt
Zeitliche Verfügung	3-4 Mal pro Woche, jeweils 1-2 Stunden Zeit
Blutdruck	Systolisch: 115mm HG, diastolisch: 70mm HG
Ruhepuls	73 Schläge/Minute

Tab. 2: Bewertung der Diagnosedaten

Parameter	Norm	Bewertung
Blutdruck: 115/70 mmHG	Normotonie: 120/80-139/89 mmHG	Blutdruck im Normbereich
BMI: 23	Normwerte: 18,5-24,9	BMI im Normbereich
Körperfettanteil: 25%	Normwerte: 21-33%	Körperfettanteil im Normbereich
Taille-Hüft-Quotient: 0,875	Normalwert: >0,85	Grenzwertig, leicht über dem Normwert
Ruhepuls: 73 Schläge/Minute	Normaler Ruhepuls: 60-80 Schläge/Minute	Ruhepuls noch im Normbereich

Sonstiges:

- Keine internistischen oder orthopädischen Beeinträchtigungen, Person ist völlig belastbar
- Bereits hoher Umfang an sportlicher Aktivität vorhanden, jedoch nicht regelmäßig im Ausdauerbereich
- Periodisierung des Trainings ist erforderlich durch Integration und Durchführung von regelmäßigen Ausdauertrainingseinheiten in den bereits vorhanden Trainingsplan im Bereich Kraft und Muskelaufbau

1.2 Leistungsdiagnostik/ Ausdauertestung

Zunächst wird eine Voreinstufung der Person vorgenommen mit Hilfe des IPN-Tests, um die Belastbarkeit der Person einzuschätzen. Anhand der Parameter Ruheherzfrequenz und der ausdauerrelevanten Aktivität wird nun die individuelle Zielherzfrequenz ermittelt, welche für die Probandin bei 145 S/min liegt, da sie aktuell kein moderates Ausdauertraining betreibt wird kein Pulsaufschlag berechnet (Trunz, 2001; IPN, 2004, S.4).

Zur Beurteilung der Ausdauerleistungsfähigkeit der Probandin wurde der Hollmann-Venrath- Test ausgewählt, da sie sich in einem körperlich gesunden und fitten Zustand befindet und ihr somit die Belastbarkeit von mindestens 150 Watt zugetraut wird.

Bei dem Hollmann-Venrath- Test handelt es sich um einen Stufentest mit Submaximaler Belastung auf dem Fahrradergometer.

Der Test beginnt mit einer Eingangsbelastung von 30 Watt, die Stufendauer beträgt drei Minuten, nach jeder Stufe wird die Belastung um 40 Watt gesteigert, gefahren wird mit einer Umdrehungszahl von 60-80 U/min. Zudem wird regelmäßig jede Minute die Herzfrequenz gemessen und notiert. Es wird so lange weiter gesteigert, bis die definierte Zielherzfrequenz bzw. die Abbruchgrenze von 145 S/min erreicht wird. Diese Stufe wird noch vollendet, bevor der Test abgebrochen wird. Testgröße ist nun die Wattleistung der zuletzt vollständig durchgefahrenen Stufe. Diese Wattleistung wird anschließend mit Normwerten verglichen.

Tab. 3: Darstellung der Testergebnisse des Hollmann-Venrath-Tests

Zeit (min)	Watt	Hf 1 (S/min)	Hf 2 (S/min)	Hf 3 (S/min)
0-3	30	80	87	95
4-6	70	107	112	118
7-9	110	121	126	130
10-12	150	135	139	145
Watt gesamt	150 Watt			
Watt/kg	2,7 W/kg			
Bewertung nach Norm-werttabelle	Überdurchschnittlich, gute Ausdauerleistungsfähigkeit			

Die Probandin hat insgesamt vier Belastungsstufen vollständig durchfahren. Nach 12 Minuten hat sie auf der vierten Belastungsstufe die Zielherzfrequenz von 145 S/min (nach IPN) erreicht. Danach wurde der Test beendet. Die Gesamtleistung liegt somit bei 150 Watt, bezogen auf das Körpergewicht ergibt sich ein Wert von 2,7 Watt/kg Körpergewicht. Nun wird dieser Wert mit einer Normwertetabelle für eine 20-jährige Frau verglichen, daraus ergibt sich ein überdurchschnittliche gute Ausdauerleistungsfähigkeit (IPN, 2004, S.8). Somit ist mit Hilfe dieser alters -und geschlechtsspezifischen Normwerten ein interindividueller Leistungsvergleich bezüglich der allgemeinen aeroben Ausdauerleistungsfähigkeit möglich.

1.3 Gesundheits- und Leistungsstatus der Person

Anhand der zu Beginn erfassten Diagnosedaten Blutdruck und Ruheherzfrequenz ist davon auszugehen, dass sich die Probandin in einem guten Gesundheitlichen Zustand ohne Einschränkungen befindet. Zudem liegen keine orthopädischen oder internistischen Beeinträchtigungen vor.

Mit dem vorherigen durchgeführten Test wird gezeigt, dass die Probandin einen überdurchschnittlich guten Leistungszustand aufweist. Somit ist sie ohne Einschränkungen völlig belastbar.

2 Aufgabe 2- Zielsetzung/ Prognose

Tab. 4: Zielsetzung der Klientin

Inhalt	Ausmaß	Zeit
Senkung des Ruhepulses	Senkung um 13 S/min Auf 60 S/min	6 Monaten
Steigerung der Wattleistung	Um 15%	10 Wochen
Senkung des Körperfettanteils	Um 4% von 25% auf 21%	3 Monate

Im Hinblick auf das Trainingsmotiv der Steigerung der Ausdauerleistungsfähigkeit und der Figurformung der Klientin wurden die aufgeführten Ziele festgelegt. Auf Grund der guten gesundheitlichen Verfassung müssen keine Maßnahmen zur Verbesserung der Gesundheit vorgenommen werden. Lediglich der Ruhepuls soll als positiver Effekt des Trainings etwas gesenkt werden, um die Leistungsfähigkeit steigern zu können.

3 Aufgabe 3- Trainingsplanung Mesozyklus

3.1 Grobplanung Mesozyklus

Tab. 5: Grobplanung des 6-wöchigen Mesozyklus der Klientin

Dauer	6 Wochen
Trainingsziel	- Stabilisierung der Grundlagenausdauer (GA1) - Entwicklung der Grundlagenausdauer (GA2) - REKOM
Belastungsumfang/Woche	2,5-4 Stunden
Trainingsmethoden	- Extensive Dauermethode - Intensive Dauermethode - Extensive Intervallmethode
Trainingsintensität	- 50-60% Hf_{max} (regenerativ) - 60-75% Hf_{max}/ 45-65% $Hf_{reserve}$ (Extensiv) - 75-85% Hf_{max}/ 65-80% $Hf_{reserve}$ (intensiv) - 80-90% Hf_{max}/ 70-85% $Hf_{reserve}$ (extensive IM)
Trainingshäufigkeit/Woche	3-4mal
Dauer pro TE	- 30min (regenerativ) - 45-100min (extensiv) - 30-60min (intensiv) - 30-50min (extensive IM)
Trainingsgeräte	Fahrrad, Crosstrainer, Laufband

3.2   Detailplanung Mesozyklus

Tab. 6: Detailplanung des Mikrozyklus der Wochen eins und zwei

Woche 1	Mo	Mi	Fr	Sa	Woche 2	Mo	Mi	Fr	Sa
Trainingsziel	GA1	GA2	GA1	-	Trainingsziel	GA2	GA1	GA2	GA1
Trainingsmethode	Extensive DM	Intensive DM	Extensive DM	-	Trainingsmethode	Intensive DM	Extensive DM	Intensive DM	Extensive DM
Trainingsintensität	45-55% $Hf_{reserve}$	65-75% $Hf_{reserve}$	50-60% $Hf_{reserve}$	-	Trainingsintensität	65-75% $Hf_{reserve}$	45-55% $Hf_{reserve}$	65-75% $Hf_{reserve}$	50-60% $Hf_{reserve}$
Trainingsherzfrequenz	130-142 S/min	155-168 S/min	136-149 S/min	-	Trainingsherzfrequenz	155-168 S/min	130-142 S/min	155-168 S/min	136-149 S/min
Trainingsdauer	60min	30min	45min	-	Trainingsdauer	35min	65min	30min	50min
Trainingsgerät	Fahrrad	Fahrrad	Laufband/ Laufen	-	Trainingsgerät	Fahrrad	Laufband/ Laufen	Laufband/ Laufen	Fahrrad

Tab. 7: Detailplanung des Mikrozyklus der Wochen drei und vier

Woche 3	Mo	Mi	Fr	Sa	Woche 4	Mo	Mi	Fr	Sa
Trainingsziel	GA2	GA1	GA2	GA1	Trainingsziel	GA2	GA1	GA2	RE-KOM
Trainingsmethode	Intensive DM	Extensive DM	Intensive DM	Extensive DM	Trainingsmethode	Intensive DM	Extensive DM	Extensive IM	Extensive DM
Trainingsintensität	65-75% $Hf_{reserve}$	45-55% $Hf_{reserve}$	65-75% $Hf_{reserve}$	50-60% $Hf_{reserve}$	Trainingsintensität	70-80% $Hf_{reserve}$	50-65% $Hf_{reserve}$	70-80% $Hf_{reserve}$	50-60% Hf_{max}
Trainingsherzfrequenz	155-168 S/min	130-142 S/min	155-168 S/min	136-149 S/min	Trainingsherzfrequenz	161-175 S/min	136-156 S/min	161-175 S/min	95-114 S/min

Trainings-dauer	45min	90min	45min	60min	Trai-nings-dauer	50min	100min	40Min (10 Intervalle a 2min, 2min Pause)	30min
Trainings-gerät	Fahrrad	Lauf-band/ Laufen	Cross-trainer	Fahrrad	Trai-ningsge-rät	Fahr-rad	Cross-trainer	Lauf-band/ Laufen	Fahrrad

Tab. 8: Detailplanung des Mikrozyklus der Wochen fünf und sechs

Woche 5	Mo	Mi	Fr	Sa	Woche 6	Mo	Mi	Fr	Sa
Trainings-ziel	GA2	GA1	GA2	RE-KOM	Trai-ningsziel	GA2	GA1	GA2	GA1
Trainings-methode	Inten-sive DM	Exten-sive DM	Exten-sive IM	Exten-sive DM	Trai-ningsme-thode	Inten-sive DM	Exten-sive DM	Inten-sive DM	Exten-sive DM
Trai-ningsin-tensität	75-80% $Hf_{reserve}$	55-65% $Hf_{reserve}$	75-85% $Hf_{reserve}$	50-60% Hf_{max}	Trai-ningsin-tensität	75-80% $Hf_{reserve}$	55-65% $Hf_{reserve}$	75-80% $Hf_{reserve}$	55-65% $Hf_{reserve}$
Trainings-herzfre-quenz	168-175 S/min	143-155 S/min	168-180 S/min	95-114 S/min	Trai-nings-herzfre-quenz	168-175 S/min	143-155 S/min	168-175 S/min	143-149 S/min
Trainings-dauer	60min	90min	60Min (15 Intervalle a 2min, 2min Pause)	30min	Trai-nings-dauer	40min	60min	30min	50min
Trainings-gerät	Fahrrad	Cross-trainer	Lauf-band/ Laufen	Fahr-rad	Trai-ningsge-rät	Fahrrad	Lauf-band/ Laufen	Cross-trainer	Fahrrad

3.3 Begründung zum Mesozyklus

Der hier dargestellte Mesozyklus hat eine Dauer von 6 Wochen und besteht demnach aus 6 einzelnen Mikrozyklen. Die Klientin hat einen Belastungsumfang von 3-4 Trainingseinheiten pro Woche mit einer Belastungszeit von 2,5-4 Stunden pro Woche, das ist auf Grund ihrer vorhandenen guten Ausdauerleistungsfähigkeit und ihrem zeitlichen Verfügungsrahmen optimal. Der Belastungsumfang wird wöchentlich gesteigert. Zu Beginn wird die Trainingshäufigkeit von drei auf vier Trainingseinheiten pro Woche erhöht. Im Anschluss wird nun die Dauer der einzelnen Trainingseinheiten langsam gesteigert, somit wird das Prinzip der Dauerhaftigkeit und Kontinuität erfüllt. Die progressive Belastungssteigerung findet sich in einer Erhöhung der Dauer der Einheiten um ca. 10-15% pro Woche. Ebenso werden die Intensitäten wöchentlich leicht angehoben. Das Verhältnis zwischen Erholung und Belastung liegt bei 3:1, um die Regenerationszeiten zu berücksichtigen (Zintl & Eisenhut, 2001).

Die jeweiligen Trainingsherzfrequenzen wurden mit der $Hf_{reserve}$ -Methode (Karvonen-Formel) berechnet, da hier die individuelle Größe der Ruheherzfrequenz mit einbezogen wird. Somit wird sowohl die altersbedingte Veränderung der Hf_{max} sowie die trainingsbedingte Veränderung der Hf_{Ruhe} integriert, wodurch eine individuelle Thf berechnet werden kann. Die Karvonen-Formel zur Berechnung lautet: Thf= $(Hf_{max}-Hf_{Ruhe})$ x Intensität in % + Hf_{Ruhe} (ACSM, 2006, S. 342).

Der Trainingsschwerpunkt liegt auf der Stabilisierung und Entwicklung der Grundlagenausdauer, es soll ein höheres Leistungsniveau erreicht werden. Innerhalb des Mesozyklus wird ein Methodenmix aus der extensiven Dauermethode als Basis, der intensiven Dauermethode und der extensiven Intervallmethode verwendet.

Die GA1- Trainingseinheiten dienen zur Stabilisierung der Grundlagenausdauer und zur Erhöhung der aeroben Leistungsfähigkeit. Hier kommt ausschließlich die extensive Dauermethode als Basis zum Einsatz (Neumann et al., 2007; Hottenrott, 2006) mit Intensitäten zwischen 45-65% der $Hf_{Reserve}$. Die Dauer liegt zwischen 45-100min, da die lange Dauer den ausschlaggebenden trainingswirksamen Reiz gibt. Trainiert wird hierbei an der aeroben Schwelle, hier kommt es also zu keiner oder nur einer geringen Laktatproduktion. Außerdem wird eine Erweiterung des aeroben Stoffwechsels, Absenkung der Ruheherzfrequenz und eine Ökonomisierung des Herz-Kreislauf-Systems erreicht (Zintl & Eisenhut, 2001).

Die GA2-Trainingseinheiten dienen zur Weiterentwicklung der Grundlagenausdauer sowie zu einer Erhöhung der aerob-anaeroben Leistungsfähigkeit. Die aktuelle aerobe Leistungsfähigkeit soll überschritten werden unter Inanspruchnahme des aerob-anaeroben Mischbereichs (Neumann et al., 2007, S. 132). Somit entsteht eine höhere Laktattoleranz und ein intensiver Reiz für die Entwicklung der Sauerstofftransportsysteme sowie der aeroben Utilisation (Zintl & Eisenhut, 2001). Im Mesozyklus kommen hierfür die die intensive Dauermethode mit einer Intensität von 65-80% der $Hf_{reserve}$ und einer Dauer von 30-60min, sowie in Woche vier und fünf die extensive Intervallmethode mit 70-85% der $Hf_{reserve}$ und einer Dauer von 30-50min zum Einsatz (Neumann et al., 2007, S. 131). Bei der extensiven Intervallmethode werden Mittelzeitintervalle verwendet. Je nach Gesamtzeit werden 10-15 Intervalle a 2min durchgeführt, zwischen den Intervallen ist eine 2min lange Pause. In der Pause soll die Herzfrequenz auf 120-130 S/min abfallen und das Laktat möglichst abgebaut werden, um so eine Übersäuerung zu vermeiden (Zintl & Eisenhut, 2001).

Zudem wurden in den Wochen vier und fünf REKOM-Einheiten (extensive Dauermethode) mit einer Dauer von 30min (Hottenrott, 1997, 2006) und 50-60% der Hf_{max} (Hottenrott, 2006) integriert auf Grund der Intensitätszunahmen, um hier die aktive Regeneration nach intensiven Trainingseinheiten zu fördern. Die Hf_{max} wurde hier für das Fahrradergometer mittels der Altersformel berechnet: 200-LA(+10S/min).

Die Proportionen zwischen GA1 und GA2 variieren innerhalb der Mikrozyklen leicht, jedoch ist die Belastungsdauer der GA1 Einheiten in etwa doppelt so groß (50-60%) als die der GA2, dies wurde anhand der Zielsetzung festgemacht (Hottenrott, 1997). Durch den Mix der drei verschiedenen Methoden wird eine variierende Belastung erzeugt. Ebenfalls werden drei verschiedene Trainingsgeräte verwendet, um eine Monotonie zu vermeiden und durch die unterschiedlichen Bewegungsformen differenzierte Reize setzen zu können. Verwendet wurden das Fahrradergometer, das Laufband und der Crosstrainer. Ausgewählt wurden diese Geräte anhand der individuellen Vorlieben der Klientin. Die Geräte schaffen untereinander einen guten Ausgleich bezüglich der Höhe der Belastung auf den Bewegungsapparat und dem cardiopulmonalen Trainingseffekt. Während das Laufen auf dem Laufband einen hohen cardiopulmonalen Effekt, einen hohen Kalorienverbrauch und eine sehr hohe Belastung auf den Bewegungsapparat aufweist, ist das Fahrradergometer im Vergleich dazu genau das Gegenteil. Der cardiopulmonale Trainingseffekt ist hier geringer, ebenso der Kalorienverbrauch, aber auch die Belastung auf den

Bewegungsapparat, so kann hier durch einen Wechsel der Geräte eine optimale Trainingsproportion entstehen. Der Crosstrainer ordnet sich bezüglich der Kriterien in etwa in der Mitte der beiden anderen Geräte ein.

Bei allen Einheiten über 60min im aeroben Bereich kommt es zu einer Optimierung der muskulären Energiebereitstellung, das bedeutet einen möglichst großen prozentualen Anteil der Energiebereitstellung über die Verbrennung von Fettsäuren unter Belastung zu erlangen (Holloszy etal., 1998, S.1011). Je trainierter eine Person ist bzw. wird, desto besser ist die Kapazität zur Oxidation von Fettsäuren auch bei höheren Belastungen, das heißt die Energiebereitstellung aus den Fetten ist verbessert (Sidossis, Wolf & Coggan, 1998, S. 513). Erreicht wird das durch dynamische Bewegungen vieler Muskelgruppen mit geringem Krafteinsatz, wie das Laufen (Achten, Venables & Jeukendrup, 2003, S. 747). Auf Grund dieser Tatsache wurde der Mesozyklus der Klientin so zusammengestellt, dass diese Kriterien erreicht werden, so kann ihr Fettstoffwechsel verbessert werden und sie hat auf langfristige Sicht Vorteile bezüglich ihrer Fettverbrennung während dem Training.

4   Aufgabe 4- Literaturrecherche

Tab. 9: Gegenüberstellung der Studien (modifiziert in Anlehnung an Bircher& Mucha, 2007; Skrypnik et al., 2015)

	S. Bircher, C. Mucha (2007)	Skrypnik et al. (2015)
Fragestellung(en)	Welche Auswirkungen hat ein moderates Ausdauertraining bei Adipösen unter Berücksichtigung der Intensität der höchsten Fettoxidation auf die Fettoxidation und die Körperzusammensetzung sowie der Endothelfunktion?	Welche Auswirkungen hat das Ausdauertraining im Vergleich mit Ausdauerkrafttraining auf die anthropometrischen Körperzusammensetzung, die körperlichen Fähigkeiten und Kreislaufparameter bei adipösen Frauen?
Stichprobe	26 adipöse Probanden mit BMI über 30	44 adipöse Frauen
Materialien/Test	- Probanden wurden randomisiert in Trainings- und Kontrollgruppen zugeteilt - Die Trainingsgruppe absolvierte für 12 Wochen drei Trainingseinheiten mit 45min/Woche mit der jeweils individuell bestimmten Intensität ihrer höchsten Fettoxidation	- 44 Frauen wurden in die Gruppen A und B verteilt - Sie führen 3 Monate lang 3mal/Woche, für 60 min Ausdauertraining (A) und Ausdauerkrafttraining (B) durch

	S. Bircher, C. Mucha (2007)	Skrypnik et al. (2015)
	- Bestimmung der Fettoxidation über Laufband-Belastungstest - Beurteilung der Endothelfunktion mit der Ultraschallmethode an der A. brachialis - Die Kontrollmessungen wurden in beiden Gruppen zu Beginn und am Ende der 12-wöchigen Untersuchung vorgenommen	
Untersuchungsdesign	Randomisierte kontrollierte Studie über 12 Wochen mit Kontrollgruppe	Randomisierte kontrollierte Studie über 3 Monate mit Vergleichsgruppe
Hauptergebnisse	- Verbesserung der Endothelfunktion der Trainingsgruppe - Verbesserung der flussmediierten Dilatation der Trainingsgruppe - Die Fettoxidation verbesserte sich während aller drei Belastungsstufen - die freie Fettmasse nahm signifikant zu, die Fettmasse nahm ab - Ein zwölfwöchiges Ausdauertraining unter Berücksichtigung der individuellen Intensität der höchsten Fettoxidation verbessert auch ohne großen Gewichtsverlust die Endothelfunktion und Fettoxidation bei Adipösen	- Signifikante Abnahmen der Körpermaße, Gesamtkörperfett sowie Taille und Hüftumfang bei beiden Gruppen - Deutliche Erhöhungen der gesamtkörperfettfreien Masse in Gruppe B - In beiden Gruppen: signifikante Erhöhungen der Spitzensauerstoffaufnahme, Zeit bis zur Erschöpfung, maximale Arbeitsgeschwindigkeit und verringerter Ruheherzfrequenz, systolischem Ruheblutdruck sowie Ruhe- und Bewegungs-Diastolischen Blutdruck - keine signifikanten Unterschiede zwischen den Gruppen bei den untersuchten Parametern - vergleichbare Wirkung von 3-monatigem Ausdauer- und Ausdauerkrafttraining auf anthropometrische Parameter, Körperzusammensetzung, körperliche Leistungsfähigkeit und Kreislaufsystemfunktion bei Frauen mit Bauchfettleibigkeit

5 Literaturverzeichnis

Achten, J. & Jeukendrup, A. E. (2003). The effect of pre-exercise carbohydrate feedings on the intensity that elicts maximal fat oxidation. *Journal of Sports Science and Medicine*, 21, 1017-1024.

American College of Sports and Medicine (2006). *ACSM's Guidelines for Exercise Testing and Prescription. ACSM's Guidelines for Exercise Testing and Prescripiton* (7. Aufl.). Philadelphia: Williams & Wilkins.

Bircher, S. & Mucha, C. (2007). Einfluss körperlicher Aktivität auf die Fettoxidation und Endothelfunktion bei Adipösen- eine randomisiert kontrollierte Studie. *Georg Thieme Verlag KG Stuttgart*. Zugriff am 29.10.2020. Verfügbar unter: https://www.thieme-connect.com/products/ejournals/abstract/10.1055/s-2007-973832

Hottenrottt, K. (1997). *Ausdauertraining. Intelligent effektiv erfolgreich* (4. Aufl.). Lüneburg: Wehdemeier & Pusch.

Hottenrott, K. (2006). *Trainingskontrolle mit Herzfrequenz- Messgeräten* (1. Aufl.). Aachen: Meyer & Meyer.

Holloszy, J. O., Kohrt, W. M. & Hansen, P. A. (1998). The regulation of carbohydrate and fat metabolism during and after exercise. *Frontiers in Bioscience*, 3 (15), 1011-1027.

Institut für Prävention und Nachsorge. (2004). *IPN-Test- Ausdauertest für den Fitness- und Gesundheitssport*. Köln: Institut für Prävention und Nachsorge (IPN).

Neumann, G., Pfützner, A. & Berbalk, A. (2007). *Optimiertes Ausdauertraining* (5., überarb. Aufl.). Aachen: Meyer & Meyer.

Sidossis, L. S., Wolfe, R. R. & Coggan, A. R. (1998). Regulation of fatty acid oxidation in untrained vs. Trained men during exercise. *American Journal of Physiology- En- docrinology and Metabolism*, 274 (3), 510-515.

Skrypnik, D., Bogdański, P., Mądry, E., Karolkiewicz, J., Ratajczak, M., Kryściak, J., Pupek-Musialik, D., Walkowiak, J. (2015). Effects of Endurance and Endurance Strength Training on Body Composition and Physical Capacity in Women with Abdominal Obesity. Zugriff am 29.11.2020. Verfügbar unter: https://pubmed.ncbi.nlm.nih.gov/25968470/

Trunz, E. (2001). IPN-Test- Ausdauertest für den Fitness- und Gesundheitssport. *Köln, Institut für Prävention und Nachsorge*. Köln.

Zintl, F. & Eisenhut, A. (2001). Ausdauertraining. Grundlagen Methoden Trainingssteuerung (5. überarb. Aufl.). München: BLV.

6 Abbildungs- und Tabellenverzeichnis

6.1 Tabellenverzeichnis

BEI GRIN MACHT SICH IHR
WISSEN BEZAHLT

- Wir veröffentlichen Ihre Hausarbeit,
  Bachelor- und Masterarbeit

- Ihr eigenes eBook und Buch -
  weltweit in allen wichtigen Shops

- Verdienen Sie an jedem Verkauf

Jetzt bei www.GRIN.com hochladen
und kostenlos publizieren